SERIES ЧИТАНОК ДЛЯ РОЗВИТКУ УКРАЇНСЬКОЇ МОВИ
Workbook to accompany *ДРУЗІ*

Xenia Turko
Curricular Assistant

Hryhorij Fil'
Olga Fil'
Helen Grekul
Elwira Slavutych
Josephine Stefaniuk
Nadia Stus

Ukrainian Language Consultant — Yar Slavutych

Illustrated by Nadia Stus and Hank Zyp

ДРУЗІ

Книжка для вправ

Ціль:

1. Розуміння слів.
2. Користування словами.
3. Розвиток мови.

Напрямні завваги про те, як користуватися книжкою:

1. Читайте уважно вказівки на кожній сторінці.
2. Пояснюйте учням зрозумілою для них лише українською мовою.
3. Ключі до вправ у цій книжці подані на сторінках 45-50.

PUBLISHED BY ALBERTA EDUCATION, EDMONTON
© Her Majesty the Queen in right of the
Province of Alberta, Department of Education
1975

Петро

Мурко

Оленка

Тарас

Сірко

Леся

Роман

Вправи до стор. 5-8.
Провести лінію від імени до відповідної картини.

Петро Петре	1. Де _____? _____, йди сюди.	
Тарасе Тарас	2. Де _____? _____, йди сюди.	
Сірку Сірко	3. Де _____? _____, йди туди!	
Леся Лесю	4. Де _____? _____, йди туди!	

Вправи до стор. 9-13.
Написати на порожньому місці відповідне слово. Написати в квадраті число тих речень, що описують відповідний рисунок.

він   вона

Роман _____   Оленка _____

Леся _____   тато _____

баба _____   мама _____

Петро _____   Тарас _____

Ляля _____   дід _____

Вправи до стор. 9-13.
Написати на порожньому місці відповідне слово, подане в квадраті.

3

Тарас живе тут.

Тарас іде швидко.

Сірко біжить сюди.

Мурко спить там.

Тарас та Оленка тут.

Чи Роман та Оленка там?

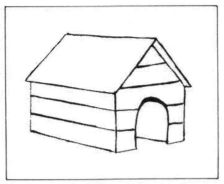

Сірко живе тут.

Я живу тут.

Вправи до стор. 9-13.
Підкреслити те речення, що змістом найкраще відповідає рисункові.

йди	йти

1. Мурку, _____, сядь тут.
2. Мурко не хоче _____.
3. Чи Роман хоче _____?
4. Вона вже хоче _____.
5. Куди Сірко хоче _____?
6. Тарасе, _____ сюди.

іди	іде

1. _____ сюди, Оленко.
2. Тарас _____ спати.
3. Лесю, _____ сюди швидко.
4. Він _____ їсти.
5. Роман _____ сюди.

Вправи до стор. 9-13.
Написати на порожньому місці відповідне слово, яке подане в квадраті.

5

куди йди йти	Тарасе ти чи	живе уже живу
Мурку може Роман	вона вже він	Оленко Оленка Лесю
та я ти	їде іде дай	біжи біжить баба
лови Лесю Леся	сюди сядь спить	має немає прошу
уже вже жаба	вона йди куди	Мурко може Мурку

Вправи після стор. 13.
Перевірка знання слів. Вказівки на сторінці 45.

```
┌─────────────────────────────────────┐
│                                       │
│     ПИТИ    ПИЙ    П'Ю    П'Є         │
│                                       │
└─────────────────────────────────────┘
```

1. Я хочу _____.
2. Лесю, _____ молоко!
3. Я _____ молоко.
4. Тарас _____ молоко.
5. Уже можна _____.
6. Романе, _____ молоко!
7. Петро _____ молоко.
8. Треба _____ молоко.
9. Дивись, Мурко не _____.
10. Іди _____ молоко.

Вправи до стор. 14-17.
Написати на порожньому місці відповідне слово, подане в квадраті.

1. Мама пече коржики.

2. Мурко хоче пити молоко.

3. Баба хоче сідати.

4. Сірко хоче їсти коржики.

5. Петро п'є молоко.

6. Добре! Оленка пече коржики.

Вправи до стор. 14-17.
Написати в квадраті число того речення, що описує відповідний
рисунок.

8

Рр

_____ п'є молоко.
Прошу
Сірку
Роман

Кк
Я хочу_____.
коржики
куди
Мурко

Яя
Мурку, _____.
Леся
сядь
м'яч

Юю
Лесю йди_____.
сюди
друзі
Романе

Йй
Тато_____.
йти
йде
час

Єє
Мама _____.
п'ю
має
куди

Вправи до стор. 14-17.
Обвести колом те слово, що найкраще відповідає в реченні.
Відповіді на сторінці 45.

Аа	авто	плаче	біжи	там
Сс	плаче	спати	Сірко	масло
Дд	іде	дід	туди	тихо
Тт	тут	діти	жаба	їсти
Нн	он	Оленка	молоко	вона
Оо	Леся	візок	добре	лови
Лл	летить	плач	прошу	Оленко
Іі	живу	біжи	дівчина	іди
Пп	Петро	спи	пече	пий
Бб	добре	забавки	живе	баба
Мм	гра	можна	нема	мені
Чч	дівчина	має	м'яч	хоче
Її	він	іде	їсти	іде

Вправи до стор. 18-21.
Обвести колом у словах ту букву, яка написана на початку
кожного рядка. Це добра сторінка для перевірки слів.

Сірко **тато** Сірко ні	де спить де де	Тарас тато Тарас тихо
Леся **мамо** біжи Леся	Петро прошу Петро плач	плаче там плач плаче
сядь спить сядь сідати	**хліб** їсти хлопець хліб	біжи масло мама біжи

Вправи до стор. 18-21.
Підкреслити однакові слова в квадратах.

Хлопець хоче ловити м'яч.	Он там біжить дівчина.
Дай мені м'яч.	М'яч уже летить.
Он там гра.	Дівчина також хоче ловити м'яч.

Вправи до стор. 18-21.
Нарисувати відповідний рисунок у кожному квадраті.

тихо тут також	он а на	Романе діти дівчина
хлопець хочу хто	має мені може	ловити лови Оленко
летить Лесю Леся	дай біжи гра	п'є й чи
пий пече плач	плаче п'ю немає	Мурку молоко мамо
прошу Петро пити	треба добре дід	сідати спати куди

Вправи після стор. 21. Перевірка знання слів.
Вказівки на сторінці 45.

їсти	їсть	їм

1. Лесю, вже треба
   _____ .

2. Петро також _____ .

3. Мама пече коржики,
   а я _____ .

4. Тарас _____ і п'є.

5. Я _____ хліб і Мурко
   хоче _____ .

Вправи до стор. 22-25.
Написати на порожньому місці відповідне слово. Написати в квадраті
число того речення, що описує відповідний рисунок.

14

Р р **Роман**				
Я я **я**				
К к **коржики**				
Г г **гуде**				
З з **забавки**				

Вправи до стор. 22-25.

Обвести колом ті рисунки, що починаються тією самою буквою, що надрукована в квадраті. Відповіді на сторінці 46.

1. Літак гуде   молоко.

2. Петро п'є   забавки.

3. Дай мені   Петре.

4. Ляля вже   гу-у-у.

5. Біжи сюди,   спить.

1. Я живу   хліб.

2. Роман їсть   там.

3. Петре, на тобі   сюди.

4. Літак летить   швидко.

5. Хлопець біжить   забавки.

Вправи до стор. 22-25.
Провести лінію від початого речення до відповідного закінчення.

морозиво

хліб

гра

молоко

крамниця

масло

забавки

літак

коржики

Вправи до стор. 26-29.
Провести лінію від поданого слова до відповідного рисунка.

1. Я п'ю _____.
2. Петро хоче _____.

молока
молоко

1. Тарас їсть _____.
2. Я хочу _____.

хліб
хліба

1. Тут _____.
2. Мамо, я хочу _____.

масла
масло

1. Дивись! Там _____.
2. Я хочу _____.

морозиво
морозива

Вправи до стор. 26-29.
Написати на порожньому місці відповідне слово, подане в квадраті.

купити коржики крамниця	молока морозиво молоко	те так ти
хліба хліб хто	їсть їм їсти	дати дай добре
масла морозива масло	ловити Ляля летить	йти іди йди
гуде гу-у-у гра	забавки живу хоче	уже живе вже
літак ловити Лесю	тобі також треба	Петре пече Петро

Вправи після стор. 29. Перевірка знання слів. Вказівки на сторінці 46.

1. Баба пече _____ .

хліб
хліба

2. Добридень, _____ !

баба
бабо

3. Оленка й Роман у _____ .

баба
баби

4. Прошу сідати, _____ .

мама
мамо

5. Уже можна їсти, _____ .

Оленка
Оленко

Вправи до стор. 30-33.
Написати на порожньому місці відповідне слово, подане в квадраті.

Р Ч Т	Х В М	Ш С Д	О Л Р
А Д Б	Г У Р	К С Ц	Б Ж Ц
П І М	М Й Н	Ш Я Н	Р Я П
Н Р К	В Є Ї	И І Й	У Б О
Л Х Щ	С Я А	З С Ч	Ц Ш Н

Вправи до стор. 30-33.
Обвести колом ту букву, з якої починається назва рисунка.
Відповіді на сторінці 46.

1. Прошу _____, тату.   йти
2. Мама хоче _____ масло.   сідати
3. Не можна _____ туди.   живу
4. Оленка _____ там.   живе
5. Так, я _____ тут.   купити

1. Що _____ баба?   їм
2. _____ сюди, Романе!   робить
3. На тобі, _____ молоко.   іди
4. Я не _____ молока.   п'ю
5. Я _____ коржики.   пий

Вправи до стор. 30-33.
Написати на порожньому місці одне зі слів, поданих у квадраті.

22

біжить

пече

летить

гуде

їсть

спить

іде

п'є

їде

плаче

Вправи до стор. 34-36.
Провести лінію від слова до відповідного рисунка.

Дд	Її
дякую	йти
гуде	їхати
додому	чи
добридень	їсть
до побачення	їде
дати	їм

Йй	Рр
їсти	робить
йти	треба
пий	Роман
йде	дівчина
йди	Романе
ти	**Мурку**

Кк	Гг
Мурко	забавки
коржики	гуде
також	я
куди	гра
крамниця	хлопець
купити	гу-у-у

Вправи до стор. 34-36.
Підкреслити ті слова, назви яких починаються тією самою буквою,
що написана в тому квадраті.
Відповіді на сторінці 46-47.

1. _____біжить додому.	Леся
Не біжи _____!	Лесю
2. _____, ти тут?	тато
Дивись,_____тут.	тату
3. _____плаче.	Петро
Йди сюди, _____.	Петре
4. Уже час їхати,_____.	Тарас
Там їде_____.	Тарасе
5. Чи_____пече коржики?	мама
Чи це тобі,_____?	мамо

Вправи до стор. 34-36.
Написати на порожньому місці відповідне слово або ім'я,
подане в квадраті.

25

1. Тихо, _____! Сядь тут. _____ не хоче йти.	Сірко Сірку
2. Де _____? _____! Так не можна!	Мурко Мурку
3. Добридень, _____! Що робить _____?	Роман Романе
4. _____ йде додому. Хто там їде, _____?	Оленка Оленко
5. До побачення, _____! _____ хоче йти.	баба бабо

Вправи до стор. 34-36.
Написати на порожньому місці відповідне слово або ім'я,
подане в квадраті.

також до побачення добре	йти їде йде	їхати їсть їсти
додому дай дати	дивись дякую жаба	м'яч Роман робить
бабо баба біжить	морозиво морозива добридень	біжи баби вона
діти дати живе	коржики куди купити	у те та
дівчина добре вона	йти йди іди	мені мамо масла

Вправи після стор. 36.
Перевірка знання слів. Вказівки на сторінці 47.

Дощ не йде.
Ще дощ іде.

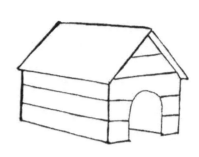

Сірко може спати тут.
Ляля живе тут.

Лесю, біжи до хати!
Дай мені забавки.

Оленко, поможи мені!
Поможи мені, Тарасе!

Тут тепло спати.
Сірка тут немає.

Ляля може їхати.
Петре, біжи додому!

Вправи до стор. 37-41.
Підкреслити те речення, що змістом найкраще відповідає рисункові.

Хх хата	уже	**хати**	хто	хлопець
Дд дощ	дати	до	те	до побачення
Тт тепло	йде	також	так	треба
Сс Сірка	сідати	п'ю	сядь	сюди
Мм може	масла	можна	пити	морозиво
Пп поможи	мені	пече	пий	плаче
Щщ ще	дощ	що	жаба	ще
Йй йде	купити	йде	йди	йти
Нн ні	немає	на	має	не
Лл летить	лови	Ляля	плач	ловити
Вв візок	дівчина	вона	він	вже
Бб баба	біжить	баби	дід	бабо

Вправи до стор. 37-41.
Підкреслити ті слова, назви яких починаються тією самою буквою
що й слово, написане в тому самому ряду.
Відповіді на сторінці 47.

1. Петре, _____ мені!

2. Оленко, _____ тобі забавки.

3. _____ швидко до хати!

4. Сірка тут _____.

5. Там тепло _____.

6. _____ , Лесю! Тут хата.

7. Час _____ додому.

8. Дощ не _____.

біжи

немає

йде

їхати

дивись

на

спати

поможи

Вправи до стор. 37-41.
Написати на порожньому місці одне зі слів, поданих у квадраті.

30

1. Уже дощ не йде.
   Там _____.

2. Літак летить швидко.
   _____ гуде гу-у-у.

3. Петро хоче йти надвір.
   _____ тепло.

4. Не можна йти надвір.
   Надворі йде_____.

5. Сірку, сядь тут!
   Я хочу йти до_____.

хати	дощ	літак
надворі		веселка

Вправи до стор. 42-45. Написати на порожньому місці одне зі слів, поданих у квадраті.

1. Тарасе, Сірко_____.
   (надвір   надворі)

2. Тату, чи Леся_____йти?
   (може   можна)

3. _____, мамо, я ще хочу молока.
   (дати   дякую)

4. Мамо, вже дощ_____йде.
   (ні   не)

5. Тату, Петро_____йти надвір.
   (хоче   хочу)

6. Добридень,_____! Я вже тут.
   (баба   бабо)

7. До побачення!_____хочу їхати додому.
   (Ти   Я)

8. Романе, там_____.
   (додому   веселка)

Вправи до стор. 42-45. Написати на порожньому місці відповідне слово.

надвір дати надворі	крамниця веселка купити	це те ще
хати хліба хлопець	он бабо до	поможи морозиво масла
мені молока може	сідати Сірка треба	тепло тобі баби
хліб хата забавки	дощ гуде гра	дівчина добридень до побачення
йде гу-у-у йти	їсть їсти їхати	додому дякую робить

Вправи після стор. 45. Перевірка знання слів. Вказівки на сторінці 48.

Хх хати хаті за	**Йй** їсть йду йде	**Зз** на за забавки
Нн надворі дати надвір	**Вв** веселка баба він	**Щщ** ще це що
Дд дякую добридень поможи	**Сс** скачи Сірка час	**Тт** тепло добре треба
Її їхати йди їм	**Рр** пече робить Романе	**Бб** бабо вона баби
Мм масла морозива Петре	**Кк** купити тобі крамниця	**Лл** ловити літак гуде

Вправи до стор. 46-49. Підкреслити ті слова, які починаються тією самою буквою, що написана в тому квадраті.
Відповіді на стор. 48.

___'я___   ___а т___   ___о___

___і в ч и н___   ___і т а___   ___л о п е___

___о л о к___   ___л і___   ___а с л___

___о р ж и к___   ___о р о з и в___   ___р а м н и ц___

Вправи до стор. 46-49. Написати в квадраті початкову й останню букви
слова, з якої починається й кінчається назва рисунка.
Відповіді на сторінці 48.

1. ———сюди, Тарасе. Я———швидко.	йду іди
2. Хлопець іде до———. У———Оленка та баба.	хати хаті
3. Дякую———коржики. Петро біжить———хати.	до за
4. Я хочу———тут. А ти, Сірку,———там!	сядь сідати
5. Дивись! Авто———. Баба вже———.	їде йде
6. Роман———молоко. Я———також.	п'ю п'є

Вправи до стор. 46-49. Написати на порожньому місці відповідне слово, подане в квадраті.

_____ О, жаба! Жаба!
_____ Там Мурко скаче.
_____ Дивись, Оленко, що Мурко має!

_____ На, Тарасе! Біжи до хати!
_____ Он жаба. Тарасе, поможи мені ловити.
_____ Не можна! Жаба живе надворі.

_____ Баба пече коржики.
_____ Добре! Дякую, бабо!
_____ Оленко, на тобі коржики.

_____ Він уже в хаті.
_____ Хлопець біжить до хати.
_____ Дощ іде.

_____ Я вже їм морозиво.
_____ Мені треба купити морозива.
_____ Я хочу морозива.

Вправи до стор. 50-53. Написати на порожніх місцях числа, відповідно до послідовности події.

37

1. Хто скаче швидко?
_____ скаче швидко.

Жаба

2. Хто біжить сюди?
_____ біжить сюди.

Хлопець

3. Хто хоче ловити м'яч?
_____ хоче ловити м'яч.

Дівчина

4. Хто йде до хати?
_____ іде до хати.

Сірко

5. Хто хоче сідати на візок?
_____ хоче сідати на візок.

Мурко

Вправи до стор. 50-53. Написати на порожньому місці відповідне слово, написане в одному з квадратів. Поставити в квадраті число того речення, що описує відповідний рисунок.

ди	ти	ку
йди	їхати	прошу
скаче	дати	дякую
дощ	спати	додому
сюди	сідати	Мурку
куди	літак	хочу
туди	купити	Сірку

ка	на	ки
Сірка	вона	поможи
добре	немає	дати
молока	Роман	забавки
Оленко	дівчина	баби
веселка	добридень	коржики
Оленка	можна	сідати

ко	ба	то
молоко	баба	тепло
молока	треба	хата
швидко	вода	Ляля
вода	жаба	авто
Сірко	риба	тато
Лесю	бабо	баби

Вправи до стор. 54-58. Підкреслити кінцеві букви, що надруковані над словами. Відповіді на стор. 48-49.

я	він	вона	ти	мені	тобі

1. Романе, Мурка немає в хаті.
   Чи може _____ надворі?

2. Дивись, це вода. Риба живе тут.
   _____ хоче їсти.

3. Добридень, Оленко!
   На, це _____!
   Дякую, бабо, дякую!

4. Лесю, де жаба? Швидко поможи
   _____ ловити. Не можна, Тарасе!

5. Лесю, Ляля не п'є молока.
   _____ їм коржики й п'ю молоко.
   Так, Оленко, Ляля не їсть і не п'є.

6. Дощ не йде. Я йду надвір.
   А _____, Петре?
   Добре, Лесю, я йду також.

Вправи до стор. 54-58. Написати на порожньому місці відповідне слово,
подане в квадраті.

40

1. Риба п'є молоко.	так	ні
2. Жаба живе надворі.	так	ні
3. У хаті тепло спати.	так	ні
4. Літак летить і гуде.	так	ні
5. Сірко живе в хаті.	так	ні
6. Дід пече коржики.	так	ні
7. Хліб і масло не можна їсти.	так	ні
8. Петро може пити молоко.	так	ні
9. Мурко живе у баби.	так	ні
10. Ляля їсть і п'є.	так	ні
11. Чи можна купити молока?	так	ні

Вправи до стор. 54-58. Підкреслити правильну відповідь.

1. Треба _____ молоко.
   (пий   пити)

2. Тарасе, _____ мені забавки.
   (дати   дай)

3. Час _____ додому.
   (їхати   їде)

4. Так, бабо, я вже _____.
   (йде   йду)

5. Тату, Петро _____ те морозиво.
   (хочу   хоче)

6. Петро _____ до хати.
   (біжить   біжи)

7. Тихо, Сірку, Петро _____!
   (спи   спить)

8. Оленка вже не _____.
   (плач   плаче)

9. Це тобі. _____ коржики.
   (Не   На)

10. Романе, швидко _____ м'яч.
    (лови   ловити)

11. Дивись, Лесю, Мурко _____.
    (скачи   скаче)

Вправи до стор. 59-63. Написати на порожньому місці відповідне
слово, подане в дужках.

42

вода візок бабо він	масла риба робить Роман	дай скачи сідати скаче сюди
діти ловити Ляля летить лови	хто у хаті хліба хата	крамниця скачи купити куди коржики
це ще швидко що йди	чи живе уже живу жаба	тобі гра спи гуде гу-у-у

Вправи до стор. 59-63. Підкреслити ті слова, які починаються тією самою буквою, з якої починається назва рисунка.
Відповіді на сторінці 49.

Їсти їсть їм	риба робить Романе	тату тепло тихо
вода вона він	де ще дощ	скаче Сірка скачи
у в й	йду іди йди	має можна немає
до за та	дивись добридень додому	хто хаті хата
надворі надвір немає	веселка вже уже	плач можна поможи

Вправи після стор. 63. Перевірка знання слів. Вказівки на сторінці 49.

ДО ВЧИТЕЛІВ

1. Розпізнавання написаного імени за рисунками.
2. Правильне вживання слів „мама", „тато" в називному
      і кличному відмінках.
3. Правильне вживання особових займенників „він", „вона".
4. Розпізнавання змісту речень за допомогою рисунків.
5. Вживання слів „йди", „йти", „іди", „іде".
6. Перевірка знання слів:

йти	ти	уже
Мурку	вона	Оленко
та	іде	біжи
лови	сядь	немає
вже	йди	може

7. Правильне вживання дієслова „пити".
8. Розпізнавання змісту за рисунками.
9. Правильне вживання слів:

Роман	коржики
сядь	сюди
йде	має

10. Зорове розпізнавання буков.
11. Зорове розпізнавання слів.
12. Зрозуміння речення.
13. Перевірка знання слів:

також	он	дівчина
хлопець	мені	ловити
летить	гра	п'є
пий	п'ю	молоко
пити	треба	сідати

14. Правильне вживання дієслова „їсти".
15. Слухове сприймання вимови буков:

Рр	Роман	рукавиця	палець	риба	дощ
Яя	я	яблуко	хлопець	ягня	ялинка
Кк	коржики	котик	капелюх	сонце	крісло
Гг	гуде	гуси	горнятко	двері	хліб
Зз	забавки	зайчик	зуби	щітка	зірка

16. Робити висновки.
17. Розпізнавання слів за рисунками.
18. Правильне вживання слів у називному й родовому відмінках.
19. Перевірка знання слів:

крамниця	морозиво	те
хліба	їм	дати
масла	Ляля	йди
гра	забавки	вже
Лесю	тобі	Петре

20. Правильне вживання слів у різних відмінках.
21. Слухове сприймання вимови початкових звуків:

ч — чотири	х — хліб	д — дівчина	о — олівець
а — авто	г — граблі	к — коржики	ж — жакет
м — морозиво	н — ніс	ш — шість	п — палець
р — рука	в — вікно	і — індик	у — уста
л — ліжко	я — язик	з — зуби	ц — цвях

22. Правильне вживання дієслів, поданих у квадратах.
23. Розпізнавання слів за рисунками.
24. Слухове сприймання вимови початкових звуків:

Дд	Її
дякую	їхати
додому	їсть
добридень	їде
до побачення	їм
дати	

Йй	Рр
йти	робить
йде	Роман
йди	Романе

Кк	Гг
коржики	гуде
куди	гра
крамниця	гу-у-у
купити	

25. Правильне вживання слів у називному й кличному відмінках.
26. Правильне вживання слів у називному й кличному відмінках.
27. Перевірка знання слів:

до побачення	йде	їхати
додому	дякую	робить
бабо	добридень	баби
дати	купити	у
добре	йди	мені

28. Зрозуміння змісту речень задопомогою рисунків.
29. Вимова буков:

Хх — хата	хлопець	хто	хати
Дд — дощ	дати	до	до побачення
Тт — тепло	також	треба	так
Сс — Сірко	сідати	сядь	сюди
Мм — може	масла	морозиво	можна
Пп — поможи	пече	пий	плаче
Щщ — ще	що	ще	
Йй — йде	йде	йти	йди
Нн — ні	немає	на	не
Лл — летить	лови	Ляля	ловити
Вв — візок	вона	він	вже
Бб — баба	біжить	баби	бабо

30. Правильне вживання різних дієслів.
31. Розпізнавання змісту речень за допомогою рисунків.
32. Зрозуміння правильного вживання відповідного слова в реченні.

33. Перевірка знання слів:

надворі	веселка	ще
хати	до	поможи
може	Сірка	тепло
хата	дощ	до побачення
йде	їхати	робить

34. Вимова буков:

X x	И й	З з
хати	йду	за
хаті	йде	забавки

Н н	В в	Щ щ
надворі	веселка	ще
надвір	він	що

Д д	С с	Т т
дякую	скачи	тепло
добридень	Сірка	треба

І і	Р р	Б б
їхати	робить	бабо
їм	Романе	баби

М м	К к	Л л
масла	купити	ловити
морозива	крамниця	літак

35. Слухове сприймання вимови початкових і кінцевих звуків:

м'яч	хата	дощ
дівчина	літак	хлопець
молоко	хліб	масло
коржики	морозиво	крамниця

36. Правильне вживання відповідних слів у реченні.
37. Розвиток дії.
38. Правильне вживання речень, що відповідають рисункам.
39. Слухове сприймання вимови кінцевих звуків:

ди	ти	ку
йди	їхати	Мурку
сюди	дати	Сірку
куди	спати	
туди	сідати	
	купити	

ка	на	ки
Сірка	вона	забавки
молока	дівчина	коржики
веселка	можна	
Оленка		то
	ба	
ко	баба	авто
молоко	треба	тато
швидко	жаба	
Сірко	риба	

40. Правильне вживання займенників.
41. Зрозуміння заперечених часток „так'' і „ні'' .
42. Правильне вживання різних дієслів.
43. Вимова буков:

вода	риба	скачи
візок	робить	сідати
він	Роман	скаче
		сюди
ловити	хто	
Ляля	хаті	крамниця
летить	хліба	купити
лови	хата	куди
		коржики
ще	живе	
що	живу	гра
	жаба	гуде
		гу-у-у

44. Перевірка знання слів:

їсть	риба	тихо
вода	дощ	скаче
в	йду	можна
за	добридень	хаті
надвір	вже	поможи

МАРІОНЕТКИ НА ПАЛЬЦІ

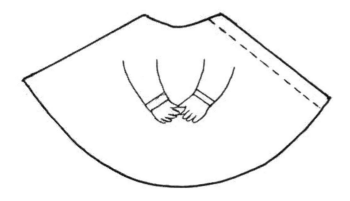

1. Замалюйте рисунки й виріжте їх.

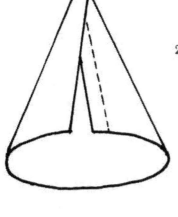

2. Зігніть тулуб по пунктирній лінії та склейте.

3. Приклейте голову до спини тулуба з середини.

Подані маріонетки можна вживати для мовних вправ.

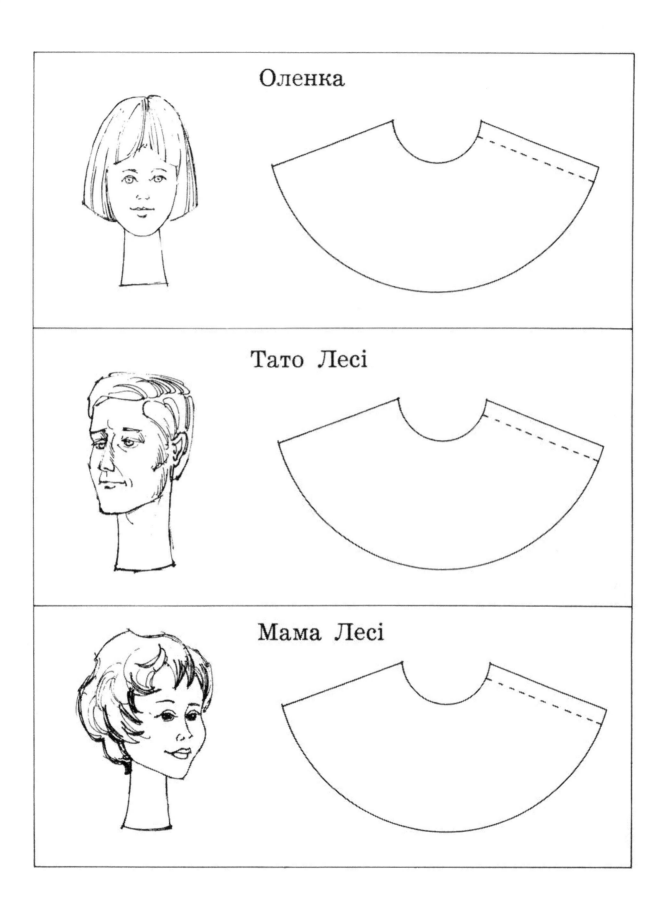

Оленка

Тато Лесі

Мама Лесі

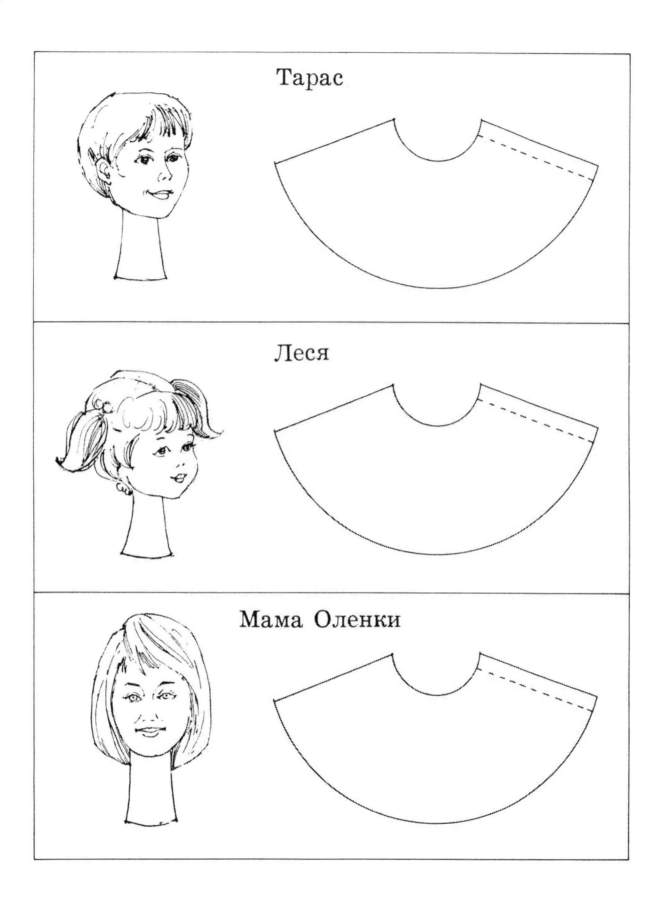

Тарас

Леся

Мама Оленки

Баба Лесі

Дід Лесі

Баба Оленки

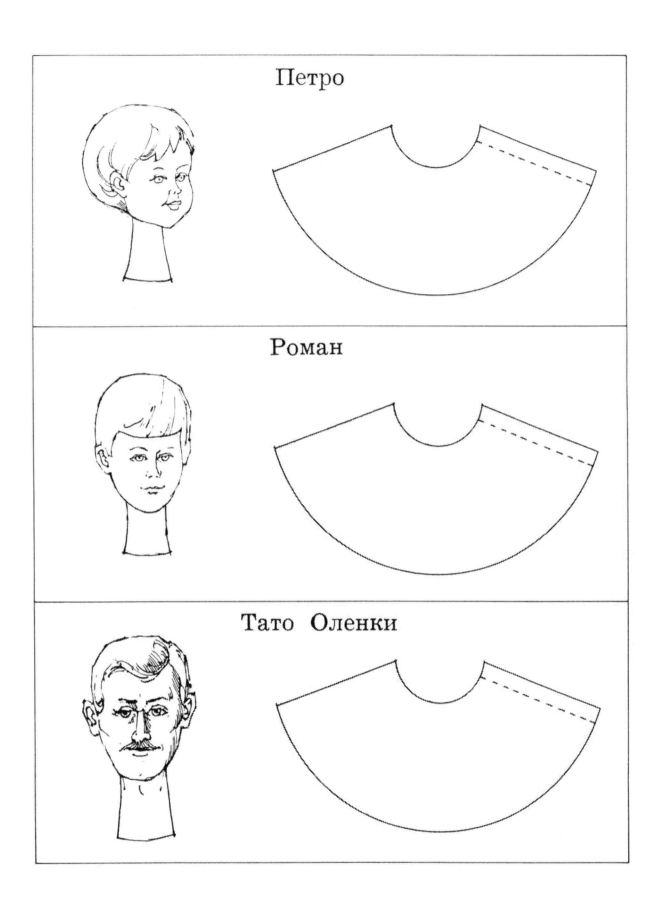

Петро

Роман

Тато Оленки

Мурко

Сірко

53408034R10035

Made in the
USA
Lexington, KY